AF727832

INSTRUCTION POPULAIRE

LES MAIRES ET M. DE GOULARD

PAR M. PITRE M.

Prix : 60 centimes.

4128.

NANTES
IMPRIMERIE NANTAISE ÉTIEMBRE ET PLÉDRAN
Quai Cassard, 5, près le pont d'Orléans

1873

LES MAIRES ET M. DE GOULARD

BIBLIOTHÈQUE NATIONALE
RF

La discussion sur la loi de l'instruction publique et sur la réduction des libertés électorales et municipales, la dissolution en vue d'une Assemblée nationale dépopularisée par l'exercice, sans droit constitutionnel, d'un mandat périmé, donnent quelque opportunité aux considérations qui suivent. En quoi les lois sur l'instruction publique, sur les élections, ou le jury ont-elles trait à la paix avec la Prusse que ses *cahiers*, c'est-à-dire, le décret qui convoquait les citoyens à son élection, lui déféraient pour unique mission de conclure ou de refuser? Au-delà de cette action, quel engagement ses électeurs ont-ils pris envers elle, ou elle envers eux? Sa prétendue *souveraineté constituante* n'est-elle pas une usurpation en principe, un 2 décembre, moins la tragédie [1]?

Jamais mission d'un corps représentatif ne fut plus clairement définie et plus restrictive. Elle était toute occasionnelle. Définir est limiter le champ d'une idée, d'une action. Le décret de convocation avait cet irrécusable caractère. L'élection répondait à une conjoncture cruelle, l'invasion. La détourner ou la repousser était sa seule vue, la pensée publique. Les mots de la langue n'ont pas de sens si on le conteste. L'Assemblée était comme une ambassade de paix ou de guerre. Elle n'était pas une Assemblée nationale préposée aux travaux paisibles et méditatifs d'institutions, de constitutions. D'autres soucis occupaient les cœurs. La nation ne cherchait pas dans ses élus ces hautes aptitudes. Un traité de paix emportait le terme de leur fonction.

Sur quoi se fonde la prétention de l'Assemblée? De ce que l'instrument de paix a terminé sa mission *écrite*, elle

[1] Cet opuscule est détaché d'un volume à publier prochainement.

conclut à un mandat *tacite* indéfini; de ce qu'elle n'a plus de raison d'être, à un droit d'être illimité, éternel, à son bon plaisir, c'est-à-dire, d'une nature telle que la plus haute délégation régulièrement constituée n'en comporte pas. L'empire du paradoxe et d'intérêts illégitimes explique qu'une prérogative temporaire, épuisée dans sa substance et sa durée, se transforme en droit souverain. Ces sophismes nous semblent l'absurde, dans sa plus limpide évidence.

La majorité du 8 février ne peut se faire illusion. Ses représentants doivent apprécier le vide de leur titre. Le parti-pris résolu de l'esprit de parti les rive à leurs siéges. L'Assemblée s'est emparée de l'omnipotence; la monarchie, abandonnée par le pays, y trouve un refuge et son dernier règne.

LES MAIRES ET M. DE GOULARD

Angers, mars 1873.

On annonce la présentation d'un nouveau projet de loi municipale. Elle est particulièrement destinée à rendre, plus ou moins absolument, au pouvoir central et à ses délégués la nomination des maires et adjoints. Le Ministre de l'Intérieur l'a provoquée ; le Président de la République y adhère. Ce changement est une atteinte profonde, la plus effective, aux institutions et aux *libertés nécessaires* d'une constitution démocratique. La loyauté du Président n'est pas douteuse ; mais, outre la pression d'une Assemblée nationale qui prétend absorber les pouvoirs législatifs et exécutifs, il subit une autre influence plus intime, toute personnelle.

Le politique a puisé dans l'*Histoire des Victoires et Conquêtes*, plus vieille qu'Homère, ce principe, que l'humanité appartient à un petit nombre d'hommes forts, des maîtres, préposés à la conduire. Le commandement n'a pas manqué de titulaires, et le monde a joui des bienfaits de la royauté, depuis le sage Agamemnon et le bouillant Achille, jusqu'aux fils du bouillant Robert-le-Fort, et au sage Napoléon III. Les nations se sont émues, la France la première. La race des géants lui est apparue de taille vulgaire. De la vie d'empire ils ont passé à la vie commune, sans grand mal pour eux, pour le bien d'un peuple. Où est le règne; où est le royaume? La plus vieille monarchie de l'Europe et la plus ancienne dynastie sont renfermées dans l'assemblée et le palais de Versailles; mille mètres carrés de parquet forment le territoire, et trois cents hommes la population : trois cents ombres aux pieds des ombres souveraines du lieu.

M. Thiers a figuré de bonne heure aux premiers rangs de ce peuple de 89, de 1830, rebelle au passé. Une autre monarchie l'a vu dans les siens. Son bon sens, son expérience, son patriotisme l'ont allié et attaché au principe de la République. Mais il n'est pas né d'hier au gouvernement; ministre d'anciens gouvernements, il se réserve leurs doctrines commerciales, prudentes en un temps, maintenant périmées et stérilisantes. La foi en lui-même est une de ses forces; il en a toujours été l'un des promoteurs. Il ne se résoudra pas à les démentir. C'est un vice d'école; il est un des maîtres et tient le drapeau. Il s'est éloigné de la monarchie; qu'on ne lui demande pas davantage. C'est assez de ce sacrifice. Séparé du tronc, il en apporte quelques branches, des parti-pris autoritaires, erronés, funestes, inconciliables avec une nouvelle base de gouvernement. L'Autorité est chez lui de tempérament autant que de règle. Le cours du temps transforme les hommes; ils ne peuvent dépouiller entièrement leur première nature; ce serait mourir. La souveraineté du pouvoir sur tous ses rouages est sa loi première. Si la machine résiste à sa main, il l'a refond et se l'accommode ; un état est ingouvernable dès qu'une volonté étrangère peut contrarier celle du gouvernement. La République de M. Thiers n'est pas, on le voit, celle des États-Unis, ni aucune autre : c'est la sienne. Telle quelle, il en sauve le principe. Il s'y dévoué avec une fermeté, une habileté que nulle autre présidence ne réunirait. Il engage une lutte sans repos avec les adversaires de toute liberté et de la patrie. Ils tentent d'y user sa vie robuste. Non; ils la soutiennent. Ils envoient le souffle vivifiant d'une nation reconnaissante à l'illustre citoyen qui lui rend la paix, contient les ennemis intérieurs, et la libère de ceux du dehors.

Les rapports de quelques préfets accusent certains maires et Conseils municipaux de violences et de résistances illégales. Mais l'autorité est-elle désarmée? Si les récriminations sont fondées, les lois n'ont-elles pas élevé des barrières contre les écarts? N'ont-elles pas édicté des peines? Quel est le nombre de ces cas d'abus? Combien le ministre en compte-t-il dans le mouvement de quarante mille communes? Et les voici toutes attaquées dans l'essence de leur organisme? Est-ce de la justice, de la sagesse, de la verité?

On le sait : la mesure ne s'adresse pas à des incidents. Sous un prétexte transparent, elle veut abolir l'élection des administrations municipales.

Il était un axiôme en règne, il y a deux ans, dans le monde monarchique : l'incapacité administrative des hommes de la démocratie. Ils entraient d'assaut dans les Conseils ; comment y remplaceraient-ils l'expérience, la science, la conscience des administrateurs de l'empire? S'est-on remis de cette chaude alarme? L'épreuve a prononcé. Qu'en pensent les adversaires les plus autorisés, les plus prévenus, les préfets, le ministre même? Ils répondront comme nous, s'ils veulent être justes. (Disons que l'auteur a emprunté le titre de l'écrit qui va suivre : *Lettre d'un Maire aux Maires*. Ces fonctions lui sont étrangères.)

Les électeurs ont choisi les nouveaux membres des Conseils, en général, à côté des autres; mais exempts de toute solidarité dans la vie publique avec eux. Ils sortent des mêmes *couches sociales*. Les élus des villes sont des hommes formés aux affaires diverses; ils les exercent pour la plupart. Le savoir, et le zèle du bien public leur ont vite acquis la pratique de travaux analogues aux leurs. Les campagnes ont mis à leur tête les plus instruits, selon le degré de culture du lieu, les plus estimés et sympathiques. Les préparations étaient excellentes. Un heureux succès y a répondu.

Jamais les administrations municipales n'ont procédé avec plus d'étude et de délibération des besoins réels; les dépenses ménagées, ou les dotations généreuses et larges, selon l'importance morale ou matérielle des services en vue; Le gouffre où se fondaient en grande partie les ressources de l'État et des communes : l'indifférence pour la chose publique, la complaisance pour les intérêts particuliers, les gaspillages de toutes sortes. sont réprimés et supprimés; les finances sont librement et attentivement contrôlées. C'est une vie nouvelle, celle de la justice, de la vérité. Plus de respect des citoyens, de leur opinion, de la liberté; plus de sympathie et plus de fermeté, moins de désordres. Le patriotisme local, uni à l'amour de la patrie, donne aux délibérations des Conseils, aux travaux des maires un caractère qui n'appartient qu'aux institutions républicaines.

Ces criminelles corporations vont être citées prochainement devant le grand jury de Versailles. Les détails viendront ; dans l'ensemble l'arrêt est connu d'avance. Un grand nombre des juges sont d'anciens Conseillers municipaux. Ils ont comparu devant le jury électoral et ont subi la déportation hors de leurs siéges. Ils vont se venger des électeurs et des successeurs. C'est de bonne guerre, de la leur du moins, passionnée, étroite, toujours personnelle.

M. de Goulard a dénoncé à l'opinion, au gouvernement et à l'assemblée nationale les déportements de quelques maires. Les rapports qui les traduisent sont-ils exacts ou exagérés? Nous n'avons pas ici à le discuter. Il a l'œil ouvert sur les maires, dit-il, et inaugurera le régime de l'ordre. Il est dans son droit. Mais ce regard sévère, fixé sur un point, n'était-il pas fermé sur d'autres ?

Le Pouvoir tolère depuis longues années des processions de quelques heures, à certains jours, qu'interdit la loi. Les précédents couvrent à demi les administrations qui suivent une coutume. M. de Goulard s'y est conformé; nous ne trouvons point à l'en accuser. Mais ne s'est-il pas étonné d'en voir tout à coup de nouvelles surgir ou se propager devant lui, dans des proportions inconnues? N'a-t-il pas vu les démonstrations d'un seul culte, en présence des autres, parcourir le pays entier, encombrer les chemins de fer, bravant les lois et un concordat? N'a-t-il pas vu les populations se rassembler sur leur passage, animées de passions rivales, les gardes de la paix sur pied, à leurs départs et à leurs arrivées, les troupes sous les armes, entourées de la multitude?

Non ; M. de Goulard n'a pas vu cela. Le zèle et l'inauguration de l'ordre l'occupaient ailleurs. M. de Goulard n'a vu dans ces processions ni l'effervescence, ni l'esprit de trouble, ni le scandale religieux. Nous nous permettons de les lui révéler. C'est une fondation ; on y reviendra. Il importe de l'examiner et de la juger [1].

Le sentiment religieux ne procède point par ces tumultes de jour de nuit, et des entassements de populations d'hommes et de femmes pour de longs voyages. Le recueillement est le premier caractère de sa vérité. La réserve est une de ses règles. Le désordre de la forme s'accorde ici avec l'inspiration qui a présidé ; c'est une idée perturbatrice. La piété sincère d'une partie de ceux qui la suivent est entraînée et égarée. L'adoration n'est pas moins sainte et écoutée dans les cathédrales et les églises de leurs villes et de leurs villages qu'aux extrémités du pays ; on ne rapproche pas le ciel avec des voyages. Pour ses croyants, le miracle du catholicisme est sur ses autels ; il s'y opère tous les jours. Il n'est pas besoin d'en chercher au loin, pour le moins suspects, ayant pour apôtres, c'est-à-dire pour témoins, un ou deux enfants de sept à onze ans. L'intrigue, l'ambition, plus que la foi, ont dicté ces pélerinages. Ce sont elles qui dirigent ces innovations étranges et bruyantes. L'ultramontanisme y a trouvé une machine de plus. L'Inventeur, le flatteur du catholicisme en haut et son oppresseur en bas, le JÉSUITISME, illustré par tant d'autres traits du même génie, l'a attelée aux chemins de fer. Il y a fait monter ses évêques, ses prêtres, quelques milliers de néophytes, enrôlés sur un

[1] *Voir note à la fin.*

peuple entier. Comme la voix sinistre qui se fit entendre sur la montagne, il a montré à son cortège l'espace que les chemins parcourent et lui a dit : Cela est à nous. Les processions se sont levées et croisées sur tous les points du territoire. Culte de théâtre et de mise en scène, le jésuitisme a promené librement ses fêtes sur les grandes routes. Elles les sillonnaient comme un ouragan, saluées de clameurs et de rires populaires, triomphant des lois et des cultes, des autorités civiles méconnues, de la raison publique, de la République. Le jésuitisme était dans sa voie. Par la levée de sa bannière, il méditait de faire sortir du fourreau les autres, d'enflammer les haines et de préparer la mêlée. Victorieux comme toutes les audaces, il s'est soumis les cœurs faibles ou ambitieux. Il est un protecteur ou un ennemi. Il n'est à personne, se donne à tout ce qui se donne à lui. Dans les administrations, les magistratures, l'armée, le clergé, les primats s'inclinent. Il intrigue pour les hautes faveurs; il les distribue. Il intrigue pour les disgrâces, il y est puissant. Haï et craint, il est l'opinion, il domine; tellement il a abaissé les âmes, tant ont disparu la dignité, l'indépendance, le patriotisme, la foi en soi-même et dans la conscience du pouvoir : le jésuitisme *roi de l'époque*, succcesseur de la banque des juifs! Pour voiler la honte publique et le ridicule de son règne, il s'est affilié un parti plus autorisé, celui des rois, qu'il assassinait et tuerait sans grâce encore, s'ils résistaient à le servir. Il étudie le monde, calcule les biens, s'ouvre les familles, s'empare des esprits, sert les ambitions, écarte ses rivaux, les amis, envenime les dissentiments, dirige les faiblesses de la vie et de la mort, en est le flatteur, s'en fait l'héritier et cueille un amas de richesses. La France de cette Révolution, honorée par tant de nobles cœurs et de grands esprits, par les Royer-Collard comme par les Mirabeau et les Lafayette, est aujourd'hui un Paraguay du jésuitisme. Il a un sénat préparé. Sa dictature est attendue. La France touche au siècle de Philippe II. Il n'y manque qu'un jour, une heure, un moment, deux coups de feu de guerre civile. La conspiration les attend. La flamme en couvait dans ces croisades fédéralisées, Missions du gouvernement de combat, que la prévoyance du pouvoir ne dût pas souffrir. Le pays se relève d'un immense naufrage; il ne peut se passer d'un horizon calme, de sérénité. Il lui faut la paix des esprits et des intérêts. Le ministre qui n'a pas vu ou a toléré ces provocations a-t-il fait acte de tolérance religieuse? non : il est accusable, il est responsable. L'opinion de l'Europe éclairée et libre proteste contre lui, comme celle du pays.

Ces grands mouvements de la vie publique, les révolutions, qui déplacent le centre de gravité d'un peuple, exercent plus directement leur pouvoir sur les existences attachées, à tous les degrés, aux gouvernements, ou qui y aspirent. Dans le tumulte de l'explosion les barrières tombent; la brèche est ouverte à toutes les entrées. Les ennemis même du parti vainqueur peuvent prendre place dans les rangs qu'ils ont combattu; ils le peuvent honorablement. La conscience de la nécessité du temps, du pays, des circonstances peut les pénétrer et rallier leur conviction à une loi nouvelle. De telles décisions sont une force. Des âmes fermes et fières, des natures d'élite sont seules capables de passer ces Niagaras et d'y marcher droit sans vertige. C'est d'un monde entrer dans un autre. Elles seules peuvent y acclimater leurs impressions et leurs jugements. Toutes les perspectives sont changées. Les principes qui apparaissaient la veille comme faux, dangereux, sont le droit, la justice, l'ordre social. Leurs promoteurs, repoussés jusqu'ici comme criminels ou perturbateurs, sont, en grand nombre, des esprits sains, éclairés, prévoyants et patriotiques.

Ces révolutions dans une noble pensée donnent à la révolution qu'elle accepte ses plus fermes et plus sages soutiens. Ils la jugent de haut parce qu'ils étaient à sa hauteur. Leur suffrage et leur concours sont une sanction. Il sont l'honneur de l'œuvre d'un peuple.

Peu d'hommes, même en dehors du vulgaire, sont capables d'un pareil effort, en embrassant un nouveau service. L'ambition, la perplexité se combattent, sur cette terre longtemps condamnée. Le milieu dont ils sortent les suit, les obsède; son atmosphère les aveugle. Ils ne peuvent franchir son orbite. Les anciens principes les retiennent et les anciennes haines les enflamment. Leur conscience séduite n'a pas assez d'élévation pour s'en dégager. Semblables aux Hébreux délivrés, ils tournent les yeux et le cœur vers le pays de l'abaissement de leur peuple. Nés étrangers, ils lui restent étrangers : ils ne pourront jamais lui appartenir. Infidèles, inconscients peut-être, ils s'arment du pouvoir qui leur a été confié pour ruiner la cause que le devoir est de servir. Que faire en cet état d'esprit? se juger soi-même au nom de l'honneur, et s'en séparer.

L'Assemblée nationale ne délibèrera pas longtemps sur

cette mutilation d'un ordre municipal créé par elle-même. Quoi de plus conservateur que le changement annuel des lois! Les maires élus seront révoqués en grand nombre; le ministère triomphera. Les hommes d'état ne savent en France communiquer avec le pays que par des décrets et des lois. Ils ne descendent jamais à l'étude des populations. Le secret des effets qu'ils veulent détourner est là; ils ont souvent le pouvoir pour causes. Le mécanicien d'atelier examine la nature des éléments de sa machine, leur résistance, leur sensibilité, leur souplesse. Il y mesure sa composition, ses réparations. L'homme d'état répare les mécomptes qu'apportent une loi en combinant une loi nouvelle. Il a la foi du commandement, de l'infaillibilité législative et administrative. Des milliers de lois stériles, vingt révolutions ont certifié du génie de cette conception de gouvernement, en France.

Les complots de la Chambre législative de 1849 amenèrent l'empire. L'Assemblée de Versailles poursuit de même une tâche loyale, le renversement de la République. Elle y rencontre la résistance intime du pays, et une ironie qui la peint dans sa dignité : la couronne qu'elle offre reste suspendue aux fronts de l'intrigue; les dynasties refusent de la recevoir.

Un libre et hardi précurseur protestait, il y a trois siècles, en témoin du droit qui ne périt pas, contre *la servitude volontaire* et ce qu'il appelle *le contre un*, ou contre le roi. Ce petit livre d'un ami de Montaigne, plus gros et tout enflammé de révolutions que les in-folios prolixes de Luther, passa inapperçu du peuple. L'étincelle qui devait mettre le feu à ses poudres est descendue tard dans la nation. L'auteur voyait les royautés fastueuses, *inhumaines, sauvages (sic)*, les peuples misérables, leur force servile. Sa pensée s'exaspérait. Elles n'ont pas changé de nature. Le génie du noble écrivain triomphe de nos jours. La République est *le tous contre un;* les royautés sont en exil. Elle a le suffrage *de tous* pour armée innombrable et inexpugnable. Elle est le droit, la loi, la puissance. A chaque mouvement vers la monarchie de cette Babel qui s'appelle Assemblée nationale, le suffrage universel se lève. Il renverse d'un souffle les châteaux de cartes de ses lois savantes. Citons celle sur les conseils généraux, son chef-d'œuvre, triomphe sans pareil ! Elle constituait, dans toutes les grandes villes, un Château-fort avec souterrains, chausses-trappes pour les libertés, et Chambres royales. Le suffrage universel les a transformés en forteresses de la République. La loi municipale était la part faite à l'église; elle mettait les clefs de toutes les communes dans ses mains. Evêques et curés y caressaient un vaste berceau de la monarchie selon le cœur de la papauté et du roi Henri. Ils y ont vu naître la démocratie et la République.

Ces élections municipales ont été la grande et heureuse tentation des classes populaires des villes et campagnes. Elles y sont accourues en foule. Un siècle d'écoles et d'instruction eut moins mérité pour leur éducation politique qu'un seul jour d'action. Elles y ont senti leur droit, leur puissance. Tous les hommes aiment le pouvoir, ceux surtout qui ne l'avaient jamais connu, qui s'en croyaient si loin la veille. Elles en ont joui dans le choix de leurs conseils et de leurs maires. Elles sont libres, maîtresses d'elle-mêmes. Sans Chartres royales, sans remparts, sans beffrois, sans prises d'armes, elles sont *la commune*, la commune laborieuse, indépendante et pacifique, les petites républiques filles de la grande, qui les affranchit et protège.

Le peuple ne saisit pas les abstractions ; il comprend les faits. Il juge de la valeur des principes par ceux qu'ils produisent. L'élection des conseils municipaux et des maires est une épreuve du suffrage universel claire dans son but, pénétrante dans ses résultats. Elle touche aux intérêts directs, prochains ; aux relations, aux affections. Les plus simples savent ce qu'ils veulent et ce qu'ils font. L'urne de ce scrutin, plus que nulle autre, reçoit le dépôt de la volonté, de la connaissance des électeurs, dans leur plénitude. Le principe, obscur pour le plus grand nombre, se personnifie. Il en est sorti, dans les campagnes, comme dans les villes, une grande majorité d'administrations nouvelles, démocratiques. Depuis deux ans, leur service les met en regard, à l'épreuve des soins, des devoirs. Les populations comprennent en elles le pouvoir ami, la vie communale, le foyer, et comparent avec d'autres temps. Toutes les communes peuvent juger leur œuvre ; elles en disent, comme Dieu de sa création, que cela est bon.

Les élections de 1871 ont été une révolution. Elles ont été une révélation. Les études les plus attentives n'avaient pu pénétrer ces masses isolées, confuses, muettes. Le jour y est tout à coup entré, la pleine lumière. On a vu le fond de cet océan. Les élections l'ont mis à nud. Son travail intérieur s'est manifesté. L'aristocratie et la théocratie y avaient sombré.

La démocratie y coule à pleins bords. Le Ministre de l'Intérieur tentera en vain de le réduire. Son *quos ego* contre les maires, ses rapports, sa loi sont des coups de Trident perdus. Ils n'arrêteront pas la marée qui va submerger l'Assemblée elle-même.

Le 30 avril 1871 restera comme une des journées mémorables de la révolution. Elle y a inscrit l'entrée libre, spontanée, accomplie des populations rurales, soulevées contre le passé, et a constaté l'homogénéité de la nation. L'idée de République y est encore incertaine. Elle vit, dans les sentiments qui la fondent ; ce jour l'a prouvé. Le germe est né, il se développera. Le mot ne les fait plus trembler. La modération du gouvernement de la République, aux mains d'amis loyaux et sages, y ouvrira leur intelligence. La modération est le couronnement de la force, son rare et plus vrai témoignage. Maîtresse d'elle-même, elle évite les fautes de paroles et d'actes, sources des dangers. L'exercice du droit sous les formes de la justice trompe la haine ; il ne laisse place qu'à la calomnie. Il ne frappe que les ennemis inexorables, et appelle à lui les grands cœurs. La République sera comprise ; elle se concilie déjà rapidement les esprits sincères. Sous ses auspices, on verra renaitre l'unanimité du parti national de 89, de 1830, en face des mêmes adversaires ; d'un côté un peuple, de l'autre... l'Assemblée de Versailles ! Les hommes que le mouvement des révolutions a séparés se réuniront ; la même tradition paternelle et la patrie commandent ce retour. Les dissidences les plus profondes y obéiront. Les chefs, les grands noms en donnent l'exemple, les Thiers, les Casimir

Perrier, M. Dufaure même. Qui donc se jugera, dans tous les rangs, plus ami de l'ordre, plus capable d'en reconnaître la voie et de la tracer?

Le gouvernement égaré va ajouter aux souffrances et aux charges du pays, l'impôt des maires de M. de Goulard. C'est un nouveau milliard à l'émigration. Ses semences administratives tomberont sur le rocher; elles seront sans sève sur un sol rebelle. Le concours manquera à l'obéissance. Il saura que le suffrage des citoyens peut seul fonder des municipalités tenables et stables. Leur droit a été reconnu. Les populations, rurales surtout, s'en sont pénétrées. Elles y ont trouvé la bienveillance, le bon ordre, l'union, le bien-être de la famille municipale. Ces souvenirs restent gravés. Ils ne sortiront pas d'esprits droits et simples.

Le gouvernement va livrer imprudemment un drapeau, un mot d'ordre sûr aux oppositions, dans les luttes futures du scrutin : *Election des maires!* L'habileté du Ministre de l'Intérieur aura donné cette arme populaire à la République *Démagogique*, qu'il dénonce et crée. *Charbonnier veut être maître chez lui*, criera-t-elle à toutes les communes. Un grand homme d'État aura proscrit tous les candidats de gouvernement.

Lorsqu'une nation a joui des honneurs et des avantages de l'autonomie et que l'étranger vient la lui ravir, elle le repousse, elle lui résiste. Si elle a en main des armes puissantes, elle se venge. Cette vengeance attend les partis que conduit M. de Goulard à l'attaque des administrations municipales. Le suffrage universel peut être mutilé comme elles; leurs racines communes ne seront jamais arrachées. Elles sont entrées dans le cœur du pays. Il les nourrira et entretiendra leur vigueur contre ces partis, qui n'en ont aucune. Ils dominent à l'Assemblée nationale ; ils siégent encore dans un grand nombre de conseils de département. Ils disparaîtront. La bataille électorale ne tardera pas à s'engager. Le Ministre et ses amis peuvent faire à leurs pouvoirs le suprême adieu : *Morituri te salutant*. Le spectre rouge, qu'ils évoquent sans cesse, n'aura pas à prêter son bras à l'exécution. Le spectre blanc en trouvera de plus puissants, impatients du jour : ceux de dix millions d'électeurs.

Une autorité que l'Assemblée n'a pas le droit de récuser a posé le principe de son incompétence avec une rigueur irréfutable. Nous le trouvons dans le rapport de la Commission des trente qui vient de paraître. M. de Broglie y définit le mandat politique et trace ses limites. Ce cours partiel du droit général est la condamnation formelle de la prétention constituante. Il ne laisse au rapporteur bien inspiré que de se combattre lui-même.

Voyons ce passage du rapport. Qu'on remarque la netteté des derniers termes du paragraphe ; la justesse en est évidente.

Nous citons le texte : « Mais notre droit allait-il (celui » de la Commission) jusqu'à traiter ces grandes questions » de gouvernement que le commun et patriotique accord » de tous les partis est convenu, *à Bordeaux, de tenir en* » *réserve pour des temps meilleurs*...... Du moment que

» vous n'aviez pas dit (l'Assemblée) que telle était votre in-
» tention, nous ne pouvions pas vous la supposer. *De telles*
» *questions ne peuvent être traitées par voie d'extension et*
» *de prétérition ; de tels mandats ne doivent pas être*
» *assumés, quand ils ne sont pas explicitement conférés.* »

Si ces *grandes questions de gouvernement* ne peuvent être traitées par *voie d'extension, sans mandat exprès,* dans les rapports entre la Commission et l'Assemblée, combien plus dans ceux de l'Assemblée avec la nation ! Où a-t-elle pris son mandat exprès? Est-ce dans le désaveu du pays dont un ensemble d'élections témoigne. De tels pouvoirs prennent le caractère de la violence, de l'occupation par la force, comme celle de la Prusse. Veut-elle donc la remplacer dans le palais? Ce rapprochement n'est pas pour l'insulte ; il est strictement la déduction logique du droit méconnu. Elle ne peut s'autoriser du pacte de Bordeaux, de la loi du 31 mai qui l'ont déclarée constituante. D'où lui viennent ces prétendus titres? Ce ne sont que pactes de famille, sortis de son sein. Si sanctifiée que soit la majorité, elle n'est pas comme Dieu créatrice On ne se donne pas de mandat, de *mandat exprès* à soi-même. Le Code civil et le Code politique le disent; la commission et M. de Broglie viennent de le répéter.

Une lumière a passé sur ce rapport. Il fait le jour sur une appréciation *actuelle* non moins importante. Ces grandes questions, dit-il, que le commun accord de tous les partis est convenu, à Bordeaux, de réserver *pour de meilleurs temps.*

Voici donc l'essence de ce pacte, son texte, son esprit : *réserver pour de meilleurs temps !*

Ne sont-ils donc pas arrivés ? Qui pressentait alors les faits heureux et étonnants que notre époque voit réalisés ? On se rappelle celle de Bordeaux. L'optimiste le plus exalté n'eut pas trouvé de tels changements ailleurs que dans la sphère des miracles : un emprunt colossal acquis et presque entièrement rentré ; la dette de cinq milliards éteinte ou sur le point de l'être ; la Prusse aux portes des frontières près de les franchir ; la paix publique consolidée ; notre armée détruite ravivée ; le travail national en activité qui ne demande qu'un lendemain fixe pour doubler la richesse privée et publique ; le crédit financier solidement assis sur la fidélité aux engagements et la renaissance de la prospérité générale ; le crédit politique relevé par la haute considération dans le monde du Président de la République, et par la résurrection de la puissance nationale. Qu'attend-on de plus ?

Quels temps meilleurs pour traiter ces *grandes questions de gouvernement ?* L'Assemblée et le président de la Commission veulent-ils bien le dire ? ou dire quel sens mystérieux cache ce mot cabalistique : pacte de Bordeaux. La raison, la conscience, la patrie répondent ; le pacte de Bordeaux a accompli son œuvre ; son invocation ne peut plus être qu'une réticence inavouable. Quel temps, où une Assemblée nationale vient dire au pays, au gouvernement en prospérité d'exercice, ratifié par un grand nombre d'élections récentes, Nous vous annonçons une révolution ! mais elle n'est pas prête ; elle demande un interrègne indéfini, pour en mûrir les machinations ; nous le décrétons ! Un interrègne, c'est-à-dire le règne des agitations, des défiances, des haines, des pièges, des témérités, de l'anarchie, des conspirations, des coups de main et des coups d'Etat; la France suspendue dans le vide et sur le vertige, à la merci de l'inconnu, de l'imprévu qui peut l'assaillir à toute heure, soit du dehors, soit du dedans ! Rare *modus vivendi*, arrêté, dit-on, entre l'Assemblée conservatrice et constituante, et le gouvernement de la République conservatrice et inconstituée ! Quelle déraison ! quelle dérision ! comme on aurait à s'égayer sur les représentants et les ministres capables de ce jeu, si l'enjeu n'était le sort de la patrie !

Les partis qui la réduisent à ce point ne sont pas Français. Ils n'ont ni le cœur, ni le tempérament de la nation. Son caractère est la franchise et la décision. Les fièvres lentes, les longs remèdes, fussent-ils salutaires, la fatiguent, l'irritent. Elle y préfère les maux accomplis. Elle tient en dédain les habiletés, les faux-semblants, les ajournements qui sont la vie des *vingt* dans les trente. Elle n'en peut rien attendre de bon. Qu'y gagneront-ils eux-mêmes ?

On ne se dérobe pas au temps, à la nature des choses. Le temps ne s'arrête pas plus que les fleuves; les choses suivent leur cours. On est entraîné et acculé aux extrémités. On se trouve, les derniers jours, en face d'une montagne, au lieu de sentiers faciles à franchir. Quels temps propices attendent-ils ? Le terme de tous les pouvoirs, leur prestige détruit, leur désarmement. Un gouvernement démantelé aura à contenir l'assaut réciproque des ambitions, des antagonismes, des passions brûlantes de partis impatients de lui succéder. L'Assemblée a-t-elle cessé un instant de les fomenter ? Ces vastes émeutes des populations, fussent-elles régulières, doivent être moralement dominées par un pouvoir stable et respecté. On les laissera en présence d'une autorité affaiblie, consultée à peine, sans confiance en elle-même, comme chez les mourants. Les notions les plus vulgaires de l'expérience et de la science politiques protestent contre une insanité évidente, ou dénoncent de mauvais desseins dangereux. Ces *temps meilleurs*, attendus de l'oracle de Bordeaux, nous y sommes. Ils ont été réalisés et rapprochés par le gouvernement de la République, bien au-delà de ce qu'il avait pu promettre. C'est le moment de leur obéir.

Constitution ou dissolution ! Cette loi s'impose à l'Assemblée. Quelle constitue, si la faculté constituante est en elle, ou la restitue à la nation ! Si elle se refuse à ces solutions, la France a le droit d'accuser *un long parlement*, uniquement préoccupé de soi-même et infidèle à la patrie, comme les autres flétris par l'histoire.

Leurs ambitions n'écoutent pas un plus digne exemple.

Dans le triste tableau de ce temps, il est une figure qui se détachera en lumière, si l'avenir ne l'obscurcit pas. Pour qui étudie les manifestations du comte de Chambord, sa pensée porte au delà de son principe et de son drapeau. Sa foi va plus loin; il dédaigne le trône même qu'ils lui donneraient. La France moderne n'est pas la sienne. Il ne veut pas être roi de France. Il veut au peuple qu'il gouvernerait un idéal égal au sien. Certes, cet idéal n'est pas le nôtre. Nous ne croyons pas, d'après lui, à l'inspiration divine du catholicisme égaré de Rome, ni à l'origine surhumaine du pouvoir de la royauté. C'est la tradition de sa race; il est fidèle à ses erreurs et paie en elles son tribut à l'humanité. Il les rachète par la hauteur d'âme. Sur le trône d'exil qu'il accepte, il restera, par le cœur comme par la naissance, le premier des rois, un sage. La mort enveloppera de cette pourpre, plus riche que le manteau de ses pères, le dernier de leurs descendants et leur nom rayé de la vie.

Nota. — A Angers, il y a cinq à six ans, *sous l'Empire*, une tentative analogue à ces processions insolites fut exercée par le clergé. Celle-ci devait, en grande pompe, recevoir à la gare l'évêque qui revenait de Rome. Les autorités civiles, M. Bourlon de Rouvre, préfet, M. Montrieux, maire (aujourd'hui sur les bancs des saints à Versailles), refusèrent leur adhésion. Ils y voyaient une occasion certaine de troubles. L'évêque et le chapitre persistèrent. Le préfet déclara qu'il laisserait faire ; mais aux risques et périls des imprudences qui s'y obstinaient. Municipale, préfectoriale et militaire, la police s'abstint. On se rappelle à Angers ce que fut cette fête religieuse. Le peuple suivait en criant *vive Garibaldi!* les soldats, mêlés à la foule, criaient *vive l'Italie!* ou *vive l'empereur!* Quant à la procession, *les chants avaient cessé;* mais sans tragédie. Ce fut autre chose. Il n'y eut point de maire révoqué, point de préfet menacé ou disgracié. Il est vrai que le gouvernement n'était pas celui de la République, et que le ministre ne s'appelait pas M. de Goulard.

ÉLECTION

INSTRUCTION POPULAIRE

ÉLECTION. INSTRUCTION POPULAIRE

Lettre d'un Maire aux Maires, Adjoints et Membres des Conseils municipaux.

Angers, le 2 octobre 1871.

CHERS COLLÈGUES ET CONCITOYENS,

Les élections municipales du 30 avril ont rendu aux communes leur indépendance. Nous tenons d'elles-mêmes l'administration de leurs intérêts. Le principe électif appliqué dans sa vérité donne à notre modeste pouvoir une légitimité que peuvent envier de grandes assemblées.

Les préfets n'imposent plus des maires et adjoints nommés, révoqués selon leur bon plaisir. Que pouvaient-ils être dans ces conditions, sinon des serviteurs dociles ? La faiblesse de la position entraînait celle des caractères. Ils s'assouplissaient à toutes les volontés dirigeantes; à la merci des intrigues qui s'agitaient à la préfecture dans les affaires de quelque importance. Les fausses mesures, les dépenses stériles mécontentaient et grévaient les populations, impuissantes à les empêcher. Elles épuisaient arbitrairement les ressources de la commune.

Maintenant nous sommes libres, sous l'autorité des lois générales et le contrôle de nos concitoyens. Notre responsabilité est engagée chaque jour devant eux par nos actes administratifs; nous le savons. Unis ensemble d'intérêts, de relations et de smypathie, nous nous faisons un devoir d'écouter les observations, d'étudier les vœux, les besoins, d'épargner et de féconder les revenus dont nous disposons. Le bien public y gagne quelque chose, nous en avons la confiance. Il ne nous est pas permis, chers collègues et concitoyens, quelles que soient nos opinions, d'oublier que cette organisation salutaire est un bienfait du suffrage universel et du gouvernement de la République. Nous sommes appelés à en faire une nouvelle épreuve générale.

Recueillons-nous, amis, et apprécions à sa valeur morale et patriotique notre fonction électorale. Son importance se manifeste dans son étendue à ces comices universels dont l'un va nous réunir. La nation y est convoquée simultanément, toute entière. Elle se lève et se fait entendre. Son opinion parle d'une seule voix, *vox populi*. Le suffrage universel rend son arrêt dans ces grandes assises nationales. Les partis rivaux s'y mesurent; ils sont jugés dans leur puissance. Soit qu'il s'agisse de l'élection des représentants à l'Assemblée nationale, ou de celles des assemblées départementales et communales, leur portée morale dépasse ces limites. La volonté du pays se manifeste dans l'absolu de la vérité. Les pouvoirs d'emprunt, d'intrigue et de bruit tombent à leur valeur.

L'élection prochaine est un de ces rayons d'électricité qui de temps en temps passe sur les partis. Il va descendre sur nos adversaires, la *droite* et l'église ultramontaine alliées. Ils ne tiendront pas, nous l'espérons, devant cette épreuve. On les verra décomposés, isolés, rejetés comme des éléments hétérogènes, sans affinité dans la nation. La majorité de l'Assemblée nationale sera frappée de la même atteinte ; son autorité politique ne survivra pas à cet écroulement de sa base. On reconnaîtra qu'elle n'est qu'une fiction, une usurpation. La légalité peut la maintenir contre le droit, mais ébranlée, discréditée, en dissolution. Elle est un nuage suspendu sur le pays ; il porte la menace d'une révolution, alarme les esprits, trouble les affaires. L'élection va être l'aiguille qui dissout l'orage et rend à l'horizon la sénérité.

Telle est la vertu des institutions libérales. Elles mettent en présence les partis et les neutralisent. Elles leur ouvrent un champ de guerre civile qui ne coûte ni sang, ni larmes, ni désastres. Elles livrent des batailles pacifiques qui imposent une trève aux vaincus et aux vainqueurs. La liberté peut en attendre des journées aussi décisives, et plus heureusement nationales, que des Savenay et des Quiberon.

Est-il besoin de recommander le respect des opinions et des personnes, d'éviter les provocations, les querelles, les rixes, les tumultes? Ce sont-là de premiers devoirs. Leur accomplissement est l'honneur de ce rendez-vous de la liberté, où elle convoque le même jour des millions de citoyens, jusqu'aux confins des territoires les plus ignorés, où elle fait appel à leur énergie, à leurs passions politiques, à leurs divisions même qu'elle met en présence. Ils doivent les exhaler et les contenir. Ces jours de débordement populaire sont de nobles épreuves. La concorde y est un miracle d'esprit de justice et du sentiment réciproque des droits. Nulle autre n'exprime si clairement le degré de civilisation d'un peuple. Ici s'affirme une fois de plus l'élévation propre de la nature et des mœurs de notre pays. Il est encore dépourvu de l'instruction qui en semble la base nécessaire. N'est-ce pas le crime des gouvernements ou partis qui craignent l'expansion des lumières? Rarement, néanmoins, il donne le spectacle des scènes grossières, outrageuses qui ne manquent jamais ailleurs. Un fond de justice et de droiture nationales l'en sauvent. On peut même invoquer ici, sans témérité, le souvenir de cette insurrection anarchique, aveugle ou perverse dans ses théories, criminelle dans ses violences, la *Commune*. Les meurtres, les incendies inouïs de propriétés privées et publiques, furent les actes de fous furieux, isolés, maîtres sur quelques points. Paris a été pendant deux mois à la discrétion des classes pauvres armées, des masses ouvrières; il n'était de garde effective qu'elles? On a vu le centre de l'opulence du pays, le dépôt de tant de richesses à la merci de la souffrance, de la misère, de l'irritation fomentée par le désespoir du patriotisme, et par des doctrines spoliatrices. Au milieu de ces ivresses, la probité populaire élevait un mur entre les besoins, le désordre et les trésors de mille maisons particulières, le milliard d'une Banque. Quelle autre *populace*, même dorée et également libre, eût donné un pareil exemple? Ce n'est pas, du moins, la populace lettrée qui grouille dans l'armée allemande, commandée par des rois, des princes, des barons. Les pillages, les meurtres, les violences violaient, sous leurs yeux et sous une discipline prétendue de fer, toutes les lois de l'honneur et de la guerre.

Pas d'abstention. Notre cause est celle du droit et de l'intérêt général. Nous sommes cités comme ses témoins à comparaître et à l'affirmer. Que pas un ne manque à ces rendez-vous! Si nous nous croyons en petit nombre dans notre collége, ne craignons pas de nous compter devant nos adversaires. Ils verront que nous ne renonçons pas à la lutte et que ce sera plus tard à recommencer. Une attitude ferme est déjà une demi revanche; elle soutient les faibles et peut déterminer les indifférents, toujours trop nombreux. Notre défaite même les avertira du danger. Le salut commun est dans nos principes; ils le sentiront. C'est ainsi que l'opinion, parfois égarée et irréfléchie, revient aux bonnes causes. Combien de fois une petite minorité est devenue l'immense majorité à une élection suivante! L'abstention est un abandon. Une cause qui semble abandonnée tombe dans le mépris; maintenons le respect de la nôtre; ne doutons jamais de son avenir. La foi est communicative. Ayons confiance dans la raison; elle finit toujours par avoir raison. Mais au milieu des contradictions, des critiques, des calomnies il est besoin qu'on parle pour elle. Le vote est sa voix la plus haute et la mieux comprise. Le pays saura par les nôtres qu'il a partout des défenseurs. Donc pas d'abstention. Soyons tous présents au scrutin.

L'étranger, l'ennemi, Prussien et Allemand, prêche publiquement à ses enfants, presque au berceau, dans les villes et les villages la haine de la France. Nous avons recueilli les fruits de cette éducation perverse dans la dernière guerre ; l'Allemagne dévoilée en gardera la honte sans fin. C'est ainsi que les mauvais instincts natifs d'une race corrompent cette source naturelle du bien, honneur des nations civilisées, l'instruction. Nous ne les imiterons pas. La France, elle, ne vise qu'aux élévations. Elle n'enseignera pas les passions viles. Nos écoles appelleront le peuple au devoir, au dévouement, à la liberté. Les cœurs affaiblis par l'empire se nourriront de ces généreux sentiments. Ils sont une sève selon leur nature ; ils se l'assimileront sans peine. Réveillons dans notre pays, chers concitoyens, l'amour de la liberté et de la patrie. L'une et l'autre sont de droit divin comme les religions. Ils en sont une. Elle épure les âmes comme les cultes ; elle leur impose les mêmes lois morales. Un peuple n'abjure pas toute croyance impunément. Il lui faut un idéal divin qui l'inspire, l'éclaire, le féconde. Le culte de nos aïeux s'est séparé de la liberté ; il est aujourd'hui vaincu par elle ; son autorité baisse dans les esprits ; elle s'y fortifie. La patrie et la liberté sont des dieux connus de nos pères. La France a tout à coup grandi sous leur foi à des proportions inouïes ; l'Europe a connu leurs miracles. Ils élèvent comme les religions à l'enthousiasme et au sacrifice jusqu'à la mort. Dans tous les pays, ils ont rempli l'histoire de grands noms, souvenirs des grandes âmes qui les illustrèrent. Ils en ont peuplé nos champs de bataille. Que n'ont-ils pu renaître ces généraux et ces soldats de notre longue victoire de vingt ans? La Prusse et l'Allemagne ne soutenaient pas leurs regards. Où étaient leurs fils aux jours de notre cruelle épreuve? Ils n'en avaient pas, ou un petit nombre. L'esprit des pères avait suivi ses dieux oubliés. L'invocation à la liberté et à la patrie le fera renaître chez les descendants. Les cœurs secs et froids, les bras énervés se retremperont. L'ennemi, s'il menace encore, retrouvera un peuple français.

La longue vie des peuples compte ses jours par siècles. Chacun d'eux leur doit d'accomplir une part progressive de leur développement organique, quand l'âge en est venu. C'est la loi des êtres. Si ce mouvement vital s'arrête, la marche se trouble; ils reculent. Ils sont frappés de stérilité et de décroissance. D'autres nations prennent le pas sur eux, et ils perdent leur place dans le monde. C'est ainsi qu'a dégénéré, dans une immobilité rétrograde, cette fourmilière d'hommes, l'Orient, la Chine, engourdis dans les anciens rites, dont la guerre et la paix nous ont récemment rapproché. Le même vice de constitution n'a guère moins atteint des peuples voisins, l'Italie, l'Espagne et ses colonies d'Amérique, énervées par un long règne de la papauté et de monarchies catholiques. La révolution avait heureusement rendu à l'esprit français son initiative; elle l'avait sauvé de cette décadence. Napoléon III a refoulé la sève nationale. Il préparait les suprêmes malheurs. L'empoisonnement du jésuitisme a repris une action nouvelle. La France civile et militaire en langueur, affaiblie, envahie a failli en périr. Le même danger la poursuit encore. Il se pare de l'enseigne de l'ordre, de la morale, de l'autorité; il n'apporte jamais avec lui que la sujétion des gouvernements, la corruption ou l'humiliation de tous les pouvoirs, des administrations, des magistratures, du clergé même. Il leur faut fléchir. Ses époques marquent les relâchements, les mœurs les plus dissolues. Il est pour les simples citoyens la persécution hargneuse de la liberté, de la conscience ; pour le pays, le prélude certain de révolutions. Le jésuitisme a enterré toutes ses monarchies en Europe ; en France les Bourbons et Napoléon. Sa peste tue et revit toujours. Il ne manquait au progrès de son histoire que d'atteindre les dogmes et la papauté. Au dernier concile, il les a tachés dans l'esprit de leurs plus fidèles. Mourra-t-il enfin du venin qu'il porte ?

L'affranchissement moral des classes cultivées a été la tâche et l'honneur du siècle dernier. Celle du nôtre est l'instruction des masses populaires. Pénétrons-nous, chers collègues et concitoyens, de ce besoin suprême et pressant. Ouvrons la seule voie qui conduise à y satisfaire : l'instruction gratuite et obligatoire. Elle ne peut avoir pour ennemis que ceux qui aiment mieux voir la terre couverte de troupeaux humains que de peuples d'hommes. Une loi étroite renferme nos corporations municipales dans leur petite sphère administrative. Toute pénétration dans celle des intérêts généraux leur est sévèrement interdite ; comme si la surveillance du corps entier n'importait pas à chacun des membres. Gardons ces limites ! nous ne nous en plaindrons qu'à demi si nous fécondons avec énergie le terrain des droits qui nous appartiennent. Ils donnent à nos simples fonctions de faire une politique plus élevée, plus large et plus efficace que ne le peut et ne le veut la majorité des législateurs de Versailles. C'est à nous de présider à la construction des écoles, et, par là, d'y faire instituer des instituteurs et institutrices, de les soutenir, encourager et multiplier. N'y épargnons aucun travail, aucun sacrifice. Nos délibérations feront plus pour la société, pour l'ordre, pour la famille, élevée par l'enseignement des écoles à la dignité de son titre, pères, mères, enfants, que les discussions bruyantes et si souvent vides d'une haute assemblée. Elle nous qualifie souvent de révolutionnaires, quand la France l'entend applaudir ses révolutionnaires de tribune les plus violents. Acceptons ce titre, chers concitoyens, et justifions-le ! Opérons cette révolution : l'instruction du peuple.

Nous touchons à l'heure d'une élection des plus importantes. Attachons-nous à ce point de vue dans le choix des candidatures : que l'instruction gratuite et obligatoire soit la partie impérative de notre mandat. Ce principe est la pierre de touche la plus sûre du dévouement ou de l'infidélité des hommes qui se proposent à nos suffrages, à la cause de la liberté et de la patrie. Le même esprit de bien ou de mal les accompagnerait dans le surplus de leur service municipal. Nous aurons en eux des amis, des collaborateurs, ou des adversaires malveillants, rebelles aux améliorations populaires. Celle-ci est une question d'honneur et d'existence même. La France prime les autres nations dans les apparences d'une civilisation supérieure ; et l'immensité de son peuple figure aux premiers rangs de l'ignorance. C'est une honte insupportable, une plaie lépreuse au front et au sein du pays. Elle le ronge depuis des siècles. Elle est, partout, vieille comme le monde; mais d'heureux peuples s'en sont guéris. Nos monarchies n'ont jamais tenté d'extirper ce mal; il met les nations à leurs pieds. Il est un oreiller pour le despotisme, il les livre à toutes les audaces. L'ignorance est le marchepied des ambitions qui ont usurpé tour à tour le trône. La France lui doit la fatalité périodique de révolutions, et les excès qui ont calomnié les plus légitimes. Notre grande Révolution est issue des classes éclairées. Elle porte l'empreinte d'une génération généreuse et forte, qui ne fut peut-être jamais égalée. Née de la lumière elle ne peut vivre que par la lumière. Elle n'aura de fondement solide et la France de stabilité qu'en pénétrant par l'instruction dans la conscience de toutes les classes. Elles sont préparées à la recevoir. L'unité peut se faire en très-peu d'années. Puisons un courage résolu dans cette espérance.

Redoublons d'efforts et de sacrifices pour multiplier les instituteurs. Ne laissons pas le prétexte des longues distances aux pères et mères insouciants. Que l'école aille chercher l'enfant le plus près possible et n'impose aucune charge au pauvre ! Notre tâche remplie, c'est à la loi d'achever l'œuvre de régénération de notre pays par l'instruction obligatoire. Une longue expérience du passé prouve qu'il n'y a rien à espérer sans elle ; l'instruction libre a fait le présent. Il est notre honte dans la paix ; l'ignorance est notre danger dans la guerre.

On objecte la liberté violée du père de famille. Quelle liberté ! Celle de mutiler son enfant d'une force qui, dans toutes les carrières, double sa valeur naturelle. Tout le monde reconnaît la supériorité de l'ouvrier, de l'artisan instruit sur celui qui ne sait pas lire. Il est recherché des patrons, ses journées sont payées plus cher, d'un tiers ou du double; il reste le dernier, ils le gardent dans les ateliers au temps des chômages; il devient souvent patron à son tour. De même pour le cultivateur. Les simples notions qu'il doit recevoir à l'école lui apprennent à réfléchir, à juger sa terre, à lui donner ce qu'elle demande et à en tirer, à moins d'épuisement, ce qu'elle peut donner? Ces avantages sur l'ignorance sont incontestables. A quels calculs étroits et avides le père ignorant sacrifie-t-il cet avenir de toute la vie de ses enfants aux bénéfices journaliers de quelques centimes, qu'il en retire soit à la maison, soit au dehors pendant leurs années de faiblesse. Comprend-on les cris de presse, de tribune sur cette liberté violée? Aveugle pour lui-même comme pour eux, il tarit la source de secours plus faciles, plus larges qu'ils offriraient à sa vieillesse et que la loi même lui assure, selon leur pouvoir.

Il n'aurait pas besoin d'invoquer la loi. L'instruction enseigne le devoir. Elle rappelle aux jeunes les soins donnés à leurs premiers ans; ils comprennent la reconnaissance. Elle les initie à la société, aux lois morales dont le respect ou l'oubli décide presque toujours de chaque destinée. Le travail lui apporte l'aisance, ce bon conseiller, qui améliore pour soi et pour les autres. L'homme s'y encourage à la bonne conduite, à l'économie, à l'espérance, au sentiment de l'avenir. L'ignorance le laisse aux instincts. Les satisfactions du moment l'entraînent; de là les désordres, la paresse, le vol, l'ivrognerie, le suicide, cause de tant d'homicides.

Ces étranges amis de la liberté protègent celle du père. En revanche leur dévouement à l'ignorance viole avec lui la loi sociale et la loi divine. Grâce à eux, des populations sans nombre naissent et meurent sans entrer, selon leur nature, dans l'humanité. L'intelligence élevée la sépare de l'animal. Elles la portent en soi, mais assoupie, chargée de ténèbres, un germe de lumière, éclatant peut-être, qu'elles étouffent, si la société ne lui ouvre le jour. Depuis de longs siècles des millions d'hommes n'y pénètrent pas. Ils passent sur la terre, ignorés, s'ignorant eux-mêmes, comme les animaux qu'elle exploite.

L'instruction populaire n'est pas uniquement un progrès moral. Elle contribue à marquer le rang des nations dans l'art de la formation des richesses, comme dans les carrières de l'esprit. L'ouvrier instruit n'apporte pas seulement au travail la force de son bras, la sueur de son corps ; il les féconde, il les épargne; il verse dans l'œuvre la partie supérieure de lui-même, son intelligence, l'attention, la réflexion, le calcul, les données de l'expérience. Chaque peuple lui livre son génie, ses exemples et il s'en empare. *Il prend son bien où il le trouve.* L'ouvrier français est mieux doué que les artisans étrangers. Il a plus de goût, de souplesse, de dextérité. Ces dons naturels ne font qu'un manœuvre adroit d'atelier, et ne produisent que des fruits vulgaires, s'ils ne sont soutenus de quelques connaissances. L'industrie française doit sa renommée et ses succès à une élite d'hommes, élevés au contact des villes, de leurs écoles, de leurs artistes. Elle est une source de richesses ; mais quel ne serait pas son développement si l'instruction généralisée y venait en aide ?

A cette époque de concurrence universelle, la supériorité du travail est une condition d'existence, en même temps qu'un gage de prospérité illimitée. Le marché du monde est ouvert aux industries de tous les peuples. Elles sont en présence, on peut dire en bataille rangée, dans les expositions presque annuelles. Elles y cueillent d'autres couronnes que de lauriers; le prix des vainqueurs est la demande plus abondante que le travail, son large salaire pour le patron et l'ouvrier, s'ils savent être justes, leur activité incessante. L'or de l'étranger et du national afflue dans les ateliers, alimente les populations, est répandu par mille canaux dans le pays entier. On voit le sol étroit où sont assises quelques usines produire des récoltes plus opulentes que le territoire d'une province. C'est que l'intelligence est d'une autre nature que la terre. L'instruction populaire étendrait dans de vastes proportions la prééminence et l'expansion de notre travail. Les circonstances en font une loi. Elles seules pourront faire refluer dans la nation les pertes de cette saignée sans fin de richesses que l'Allemagne suce aux blessures d'une guerre surprise. Le déchaînement du travail national peut seul cautériser cette plaie. Elle en réparera les pertes, les traces en seront effacées, si l'assemblée dite nationale et conservatrice veut bien ne pas y mettre d'entraves. On le voit donc, les adversaires de l'instruction des classes ouvrières ne sont pas moins les ennemis de la résurrection matérielle du pays, que de l'élévation intellectuelle des masses, qu'ils traitent de barbares et qu'ils refoulent dans la barbarie.

Nous combattons, chers concitoyens, cette fatalité. Nos écoles prendront les enfants de l'ignorance. Elles en feront des hommes, nos amis, nos égaux. Sous quelques années, ils porteront des votes éclairés dans nos élections, quelques-uns entreront dans nos assemblées; ils y défendront avec dévouement et reconnaissance la liberté, l'instruction, la République qui les ont rachetés.

L'Etat doit être le dispensateur des études. Il est le professeur de la cité, il y forme des citoyens. Les cultes sont les professeurs de religion. Qu'ils la leur enseignent dans les temples, que sous le titre d'aumôniers ou autres, ils les instruisent dans les écoles, c'est l'ordre rationel, social, légal; il répond à tous les besoins, à la sollicitude des familles. Elle a droit au plus grand respect. La conscience des pères et mères est la lumière naturelle de celle de l'enfant. Un ministre de leur religion la représente ici près de lui, sans controverse des autres cultes, sans participation à leurs exercices. La sécurité est entière. Les confessions diverses les reconnaissent. Leur foi n'a pas à en souffrir.

Le clergé catholique seul proteste. Pourquoi ? Sous le nom de liberté de l'instruction, il prétend à l'indépendance de l'Etat dont il est un membre; il fonde et gouverne à son gré de nombreuses écoles, de tout ordre. L'appel comme d'abus est d'une autre gravité légitime ici que dans les cas particuliers. L'Etat peut les accepter comme auxiliaires; l'instruction est un tel bienfait et si nécessaire qu'un concours puissant ne saurait être refusé. Mais il ne peut abdiquer son principe ; il a pour loi de le maintenir par son inspection et sa surveillance affective. Il ne lui est pas permis de les négliger. L'Eglise romaine s'est séparée de la patrie française ; elle est sous la domination morale et politique reconnue, proclamée d'une autre. Il a pour devoir impérieux l'accord de la tolérance avec la prudence. L'Etat est perdu et n'existe plus, s'il est dominé par un culte. Cet empire est un communisme, matériellement l'un des plus stériles, moralement le plus absolu. L'Etat s'impose surtout pour les études supérieures. Elles forment les hommes préposés à le diriger un jour et bientôt. Il doit à sa fidélité envers lui-même, à la conservation sociale, à celle des institutions qui en sont la base, d'y maintenir son autorité. Elle est de droit public. Ce droit est au-dessus des dépositaires du pouvoir et inaliénable. Les principes seuls peuvent conserver l'ordre. Dès qu'on les abdique, les usurpations prennent leur place ; la dissolution sociale apparaît avec ses dangers.

Est-il possible de la méconnaître dans quelques-uns des établissements du clergé ? Est-ce une chose d'ordre que de les voir s'ingérer dans la direction d'études les plus étrangères par leur but, les plus opposées à la mission du prêtre chrétien ? Grâce aux influences, aux richesses qu'il a le secret d'appeler à lui, le clergé prend la haute main sur les études spéciales qui ouvrent la carrière des armes. Une fausse liberté lui livre les clefs des écoles militaires et polytechniques. Les évêques entretiennent ainsi, à côté de leurs séminaires ecclésiastiques, des séminaires d'officiers de cavalerie, d'infanterie et d'artillerie. Ils peupleront demain nos armées. Que diraient-ils si l'Etat instituait des écoles de théologie libres, à côté des leurs, si la loi les obligeait à recevoir au concours les sous-diacres, diacres et prêtres que le savoir en ferait sortir. Ils diraient qu'on y a pu s'instruire des formules, mais que le parfum de l'autel, la foi, le respect, l'amour n'ont pas pénétré les élèves. Ils protesteraient d'une conspiration contre l'Eglise. L'Etat n'a-t-il rien de semblable à répondre à ces écoles? Ces professeurs de sciences militaires enseignent-ils aux leurs le zèle des libertés nationales, de constitutions condamnées à Rome. Les préparent-ils à les défendre des entreprises de Rome même? L'Etat a-t-il moins que l'Eglise le droit et la volonté de se protéger? il représente la patrie; il a pour devoir, au-dessus de tous et de tout, d'accuser et de déjouer les conspirations. N'en est-ce pas une?

Ceux d'entre vous, chers concitoyens, qui habitent les villes apprennent plus particulièrement quels germes d'éducation nationale on sème dans un grand nombre de ces établissements, d'instruction secondaire, élémentaire même. L'opposition de nos conseils municipaux n'a pas d'autre source. Elle n'est pas la guerre à la religion. On le dit, on le croit peut-être chez elle. Non; elle est la prudence défensive des libertés publiques et de l'avenir.

Nous nous réunissons le 8 octobre pour les élections départementales.

Il en est peu à regretter l'ancien régime administratif; peu de communes consentiraient volontairement à son retour. Eh bien, ce danger nous menace; il nous menace, dissimulé par une autre forme. La loi sur les Conseils généraux, votée le 10 août dernier par l'Assemblée de Versailles, a pour perspective, pour but détourné et certain de le ramener. Les anciennes préfectures qui distribuaient les fonctions communales sont ressuscitées, sous le nom de Conseils généraux. Ces corps n'étaient jusqu'ici qu'une espèce de rouage administratif, sous la direction des préfets. Ils sont désormais un pouvoir. Les préfets passent à leur contrôle ; ils sont révoqués presque entièrement de leur autorité sur les communes. C'est aux Conseils généraux que nous aurons désormais à nous adresser dans toutes les affaires importantes. Nous allons avoir à traiter avec des maîtres plus passionnés, et peut-être plus impérieux.

Cependant, entre l'autorité des préfectures et celle des conseillers, tutelle pour tutelle, celle-ci a du moins à sa base un avantage signalé sur l'autre. Le suffrage universel est ici le maître supérieur; il nomme les Conseils généraux. Une institution généreuse soumet à notre choix les membres de cette corporation. Son autorité nous sera bienveillante, ou peut nous être tyrannique, selon que nous porterons aux scrutins les noms d'amis ou d'adversaires de la liberté communale et de toutes les libertés publiques. Ces adversaires, nous les connaissons. Si nous négligeons notre devoir électoral, si les bons citoyens ne se rallient pas avec énergie pour les repousser, l'élection du 8 sera une calamité publique. Notre servitude sera notre ouvrage.

Considérons que le conseiller général de canton que nous allons nommer sera notre intermédiaire obligé auprès du Conseil. C'est par lui que nous aurons à faire parvenir nos vœux, nos réclamations, nos protestations. Que dis-je? C'est lui-même qui en sera juge, si la mauvaise composition de cette assemblée y fait prévaloir l'esprit d'intrigue et de monopole familier au parti dit conservateur, lequel n'a jamais rien conservé. Les principes seuls sont conservateurs. Quel est le sien ? il n'en connaît pas un commun.

Par une déférence réciproque et intéressée, les membres du Conseil général transféreront à chacun d'eux l'autorité de l'Assemblée sur le canton qu'il représente. Dans cette fraternelle mutualité, le Conseil se fera une règle presque générale de ne voir que par ses yeux, de n'entendre que par sa voix. Quelle opposition sera assez autorisée pour combattre avec succès ses affirmations et le vice de ses conclusions ? Il décidera ; il ne trouvera pas des contradicteurs.

Il y aura plus encore. L'autorité d'influence du conseiller général local s'étendra à des questions qui ne sont pas au même degré de sa compétence. Grâce à la puissance du corps dont il fera partie, il pèsera sur les intérêts d'administration générale et de police. L'instruction publique, l'option entre les instituteurs laïques et d'ordres religieux, les conflits trop fréquents entre les autorités communale et ecclésiastique seront le théâtre passionné de son ingérence. Notre droit moral ne sera rien. Il subira tous les envahissements. Nous sommes en présence de partis que les limites ne gênent pas. Ils sont hardis, astucieux, hautains, entreprenants, de ces gens dont on dit qu'ils prennent quatre pieds dans la maison qui leur en donne un. Si notre conseiller général est un de leurs affiliés, l'élu des châteaux et des presbytères, toutes les communes seront sous sa loi. Il nous apprendra que nous, notre droit électoral et nos électeurs sommes de minces personnes. Chaque canton aura un noble seigneur.

Sa main distribuera aux communes les grâces et les disgrâces, les secours ou charges et surcharges que répartit le Conseil général. Elles seront maîtrisées dans leurs intérêts, nous dans notre droit à une liberté nécessaire. Cette législation usurpatrice est un regard d'envie vers l'ancien régime. La droite de l'Assemblée de Versailles l'a mis dans sa loi autant que le siècle le comporte. Le changement de formes masque aisément l'identité des choses, et un autre costume le même personnage.

N'incriminons pas les intentions, apprécions les choses en elles-mêmes. Les représentants ont imaginé un corps administratif supérieur, sous le nom de Conseils généraux. Son autorité toute puissante, directe, s'étend sur les maires, les Conseils municipaux, l'action et le territoire des communes. Nous sommes *immédiatisés*, comme cela s'appellerait dans d'autres pays. L'autorité propre des administrations municipales est presque abolie. Nous ne sommes plus juges du bien ou du mal de notre œuvre. Notre connaissance intime des faits, notre conscience résisteront peut-être souvent à des résolutions mal conçues. Notre devoir est d'obéir et d'exécuter.

C'est ainsi que, sous prétexte de décentralisation, le libéralisme des émigrants de l'Assemblée a concentré la souveraineté de trente personnages sur les communes et leurs intérêts matériels et moraux, dans tous les départements. Cette espèce de seigneuriat électif pèsera-t-il moins que le seigneuriat de naissance d'autrefois? sera-t-il moins impérieux et moins arbitraire, surtout si nous élisons ses héritiers? sera-t-il moins intolérable aux populations? Puisse-t-il finir bientôt avec une obscure Assemblée. Elle y aura déposé son âme, qui ne la rendra pas immortelle.

Les Conseils généraux resteront sans doute sa grande conception. On ne fait pas deux fois de pareils chefs-d'œuvre. Une loi sincère n'a pas de secrets comme celle-ci, son horizon n'a pas de nuages. Elle n'est pas une machine à triple ressorts, aux mouvements illimités et inappréciables. La permanence de ces Conseils dans la personne de quelques membres, leurs affiliations provinciales, les délibérations à huis-clos, entre eux, de leurs présidents, les solutions arbitraires qu'une puissance sans frein défini peut être tentée de puiser dans sa propre force, même avec de saines intentions, constituent un pouvoir révolutionnaire. Un législateur sage n'ouvre pas carrière à ces tentations. La plus sévère condamnation d'une loi c'est l'inconnu mis à son service. Les *hommes d'ordre* qui ont fondé l'établissement de ces Conseils ont mis sous la main des hommes de désordre un instrument explosible qui peut faire un jour sauter la constitution et le pays. Il restera comme un thermomètre de leur intelligence et de leur volonté patriotique. Nous ne nous permettrons pas d'en dire le degré.

Sous un aspect plus étendu, cette élection peut être le signal d'une crise redoutée ; elle peut poser la question de gouvernement entre la droite de l'Assemblée et celui de M. Thiers. Un souffle affolé du suffrage universel dans cette nuit d'orages et de sang, l'invasion prussienne, a poussé une majorité subreptice à l'Assemblée de Versailles. Vingt départements allaient au scrutin sous le coup des meurtres et des incendies; les esprits partout ailleurs n'étaient guère plus maîtres d'eux-mêmes. Si l'élection nouvelle la renforce de majorités du même ordre dans les quatre-vingts Conseils généraux de départements, le gouvernement sera emporté. Aux premières séances de la Chambre, ses conventionnels, les Belcastel, les Dutemple, tant d'autres, proclameront le règne de Henri V et le drapeau blanc; sa faiblesse sera entraînée. Les Conseils généraux les acclameront de même dans nos villes, qui les répudient avec énergie. Une telle violence faite à la nation provoquerait des troubles inévitables. Qui peut penser avec sang-froid aux suites d'une folie criminelle, et pourtant probable? La tragédie se compliquerait de l'entrée en scène d'un acteur inexorable. La France plie encore sous le poids des canons de l'armée prussienne. Sous prétexte d'anarchie, d'absence de pouvoir et de garantie, l'invasion reprendrait sa marche; elle passerait sur nos contrées qu'elle a touchées, mais n'a pas atteintes. Elle achèverait la ruine de notre malheureux pays. La France aurait à s'y soumettre ou à reprendre la guerre. Voilà le sort que lui prépare le succès de nos adversaires.

Je n'exagère rien; je pressens. Les événements ont leur logique, et je ne fais que les traduire d'une induction trop vraisemblable. Que gagneraient à leur faux triomphe les hommes qui le poursuivent si obstinément? Ils seraient frappés comme nous dans leurs familles et dans leur fortune. La férocité prussienne ne connaît en France qu'une classe et une proie. Elle porte le niveau de la destruction dans les châteaux comme dans les plus pauvres demeures. La force est son droit. Devant lui il n'y a pas de droits ni de privilèges.

C'est à l'élection de nous sauver.

Celui qu'ils appellent Henri V ne peut inspirer aucun sentiment de haine. Un long exil a fait de lui un inconnu pour l'immense nombre des citoyens. Son histoire personnelle se borne pour nous à ce manifeste qui a été son récent adieu. C'est la loyauté jusqu'au sacrifice. On n'en trouverait pas un second exemple dans le monde des princes de ce temps. Mais c'est en même temps l'héritage des idées fausses qui ont deux fois perdu sa famille. Son trône s'écroulerait sous le choc des mêmes catastrophes ; de pareilles chutes retentissent toujours en lourdes ruines sur le pays.

Ce n'est plus l'alliance de la papauté, du clergé, l'ascendant de la religion qui rattachent aujourd'hui les peuples. Leur puissance est passée à d'autres principes. Ce sont les institutions sages, sincères, fortes, égalitaires. Son programme ne les contient pas. Le clergé emprunte aux gouvernements bien plus de vitalité qu'il ne leur en rapporte. Le respect pour lui n'a plus de prestige. Son autorité est peu populaire, et sans influence efficace en France, même sur les foules dont il disposait autrefois. Croyances religieuses, croyances morales, croyances politiques, vingt ans d'empire ont tout effacé chez la génération qu'il a élevée. Le comte de Chambord a peut-être compris cet état de choses. Il s'est retiré devant lui avec dignité, dans l'affirmation de son principe et de son drapeau.

Combien n'avons-nous pas le droit de réprouver l'ambition de cet élite de *conservateurs?* Parti impuissant, il ne pouvait qu'amener d'immenses malheurs sur lui et sur la patrie. Elle plie sous le coup des blessures, sous le poids des charges. Ils lui refusent le repos, la paix avec elle-même, le travail confiant, actif et tranquille sans lesquels elle doit succomber. Une nation de trente-sept millions d'hommes est en présence du petit peuple qu'ils représentent. Elle les répudie chaque jour. Ils la dominent. Aux temps de leurs combats et de leurs revers, les fidèles de la monarchie répondaient, non sans héroïsme, à la dispersion, au fer et au feu : vive le roi quand même ! Autres circonstances, autres hommes et autre spectacle. Ceux-ci, tranquilles en de splendides demeures, en robe de chambre et dans le monde, vivant de loisirs et de plaisirs, caressés de tous les pouvoirs, même de ceux de la République, ou assis sur ses chaises curules, conspirent et poursuivent sans périls une campagne acharnée contre elle. Rivaux des révolutionnaires d'une école outrée, ils prennent pour mot d'ordre une de leurs maximes et la parodient : Périsse la France plutôt que le principe légitimiste ! Rien ne les arrête ; ils l'ont résolu. L'ennemi est aux portes ; il guette en attente. Sa présence ne les effraie pas. Plus furieux qu'aveugles, ils bravent, après le Sedan de l'empire, la menace imminente d'un Sedan de la monarchie, l'anxiété croissante du pays ; ils le bravent à la garde de Dieu et de l'invasion à deux pas en arme. Le gouvernement de l'Allemagne et d'un roi de Prusse vaut bien celui de la République. Ils marchent à infliger au comte de Chambord, à son nom du moins et à son drapeau, la malédiction que leurs devanciers, leurs pareils firent tomber, il y a tantôt un siècle, sur le plus infortuné et peut-être le plus digne d'intérêt de ses ascendants.

Depuis cette Révolution détestée qui a affranchi nos personnes et nos terres de durs vasselages, ils poursuivent leur lutte turbulente; elle tente en vain de relever le trône et l'autel qui les absorbaient. Grâce aux désastres et aux désordres, ils ont usurpé la majorité à la Chambre des représentants. Ils sentent que la France leur échappe. Notre peuple ne veut plus entendre à leur gouvernement, dans les campagnes comme dans les villes. Née d'une surprise, cette fiction ne peut vivre que de surprises. Ceux qui l'ont faite vont jouer leur dernière partie vis-à-vis nous, ils le savent, à cette rencontre dans notre salle municipale. Il faut voir le souci et les soins qu'ils mettent à cacher leurs cartes, à détourner tous les regards de la coupe de roi qu'ils préparent. Il est curieux et instructif de les entendre. Ce serait amusant, si au fond cela n'était triste. Admirez le ton grave de leurs pieuses feuilles, écoutez-les :

La politique n'a rien à voir dans les scrutins du 8 octobre, disent-ils. Pour eux, ils n'y poursuivent qu'une perspective : la sagesse et la sûreté de l'administration des départements. Hommes de religion, d'ordre, de stabilité, ils y convoquent les électeurs en pleine innocence, incapables d'une secrète pensée. Les républicains seuls enveniment tout de leurs passions ; ils les suspectent, les calomnient. Ils gâtent cette fête de la renaissance départementale. Sans leur présence et leurs discours, les populations unies, fraternelles afflueraient aux urnes, un rameau de paix à la main, comme aux processions des grands jours, conduites par l'Église. L'esprit de parti qu'ils y apportent est une révolte contre le bon sens et la simplicité de la circonstance. *Les honnêtes gens*, les modérés la jugent ce qu'elle est. Leurs votes n'y représenteront qu'une pensée de bien public, d'administration *honnête* et de paix.

C'est parler d'or; depuis deux mois leurs plumes distillent des trésors de ce pur aloi. Mais si vous regardez à l'acte au lieu du serment, voici leur manière de prêcher d'exemple : tous leurs candidats sont légitimistes, tous bons gentilshommes dévoués au *roy ;* ou bourgeois gentilshommes à leur suite dans le pays ou à l'Assemblée, brevetés porte-bannières du clergé et de la noblesse. C'est une levée de chevaliers, mêlés de vilains, à la conquête de la monarchie légitime et des titres, des charges que toute royauté doit à ses élus. La nation règlera les comptes.

Que faire devant eux ? Leur système inspirera le nôtre. Ils ouvrent la voie des exclusions ; suivons-la. Adoptons, chers collègues, et proposons aux citoyens ce mot d'ordre électoral : Pas de légitimistes, pas de gentilshommes ; ils ont des idées à eux, des intérêts à eux. Pas de restauration ! pas de révolution blanche ou rouge !

C'est l'écho de la France presque entière.

Le scrutin va nous remettre en présence, comme électeurs, de grand nombre de nos concurrents aux fonctions municipales. Les mêmes personnages daignaient briguer l'écharpe aux trois couleurs dont nous sommes revêtus. La porte de notre maison municipale leur a été refusée. La généreuse Assemblée de Versailles dans sa sympathie a bâti pour eux un palais, celui du Conseil général. Elle le leur dédie pour revanche. Le Conseiller général y sera, en effet, le maire des maires du canton. Mais on n'y entre pas en carrosse. On ne l'aborde que par un défilé étroit, l'élection. Il faut le franchir.

Les mêmes électeurs qui, le 30 avril, leur ont fermé le passage le défendront encore. Sachons les éveiller à temps ; couvrons les approches. C'est à nous de les éclairer sur le sens des nouveaux suffrages, comme ils l'étaient d'eux-mêmes pour notre élection. Leurs opinions sur les candidats que nous repoussons sont toujours les mêmes. Apprenons-leur à traduire encore leurs sentiments dans les bulletins. Ce sont nos voisins, nos amis. Visitons-les ; en toute rencontre, entretenons-les de l'unique pensée du moment, l'élection. L'accomplissement du devoir civique ne leur demande ni grand temps, ni peine. La mairie est à deux pas d'eux ; ils n'ont qu'à étendre la main sur les urnes. Quant à nous, négligeons un moment pour lui nos propres affaires. Songeons que quatre à cinq jours d'activité et de vigilance peuvent produire un bien de six ans : c'est la durée du Conseil général. Si nous l'emportons, jamais nous n'aurons semé avec moins de mal et de frais une si bonne récolte.

Le temps presse ; depuis deux mois nos adversaires sont en campagne. Ils ont frappé à toutes les portes ; ils ont peut-être surpris des promesses. La loi des Conseils généraux ne pouvait être comprise dans les premiers jours ; elle était encore ignorée. Une pareille surprise n'engage pas. La loi civile même annulle toute surprise. La loi de conscience la dédaigne et la répudie.

S'est-on entendu dans le canton sur le choix des candidats ? C'est le point suprême. Ils sont l'axe de l'élection ; tout part de là et tout y ramène. Cette œuvre, chers collègues, est notre mission spéciale : nos concitoyens nous l'ont imposée par leur confiance. Réunissez-vous en comité, si vous ne l'avez pas fait encore ; appelez à vous les électeurs les plus connus par leur patriotisme et leur influence. Pas un jour d'attente ! Proposez aux candidatures des hommes de considération, de capacité, de dévouement à la République pure et progressive que nous invoquons. Opposez leurs noms honorables aux noms honorables que peuvent présenter nos antagonistes. Il y aura toujours entre eux une distance sentie des populations. Nous sommes le parti de la liberté ; nous avons toujours lutté dans ses rangs. Ils sont les aspirants du privilége. Leurs votes nous ont imposé cette Assemblée, dont les Conseils généraux seront l'arme mortelle contre toutes les immunités communales, si l'élection ne la fait pas tomber de leurs mains.

Il ne suffit peut-être pas d'arrêter le nom des candidats. Faites plus ; sollicitez, s'il le faut, les candidatures. Au nom des pressants intérêts du canton, au nom de la patrie menacée par les complots intérieurs et par l'étranger, déterminez des hommes modestes qui résisteraient à accepter une fonction d'une grave influence. Elle est un danger ; leur présence le désarmera. Elle peut donner à l'institution une action féconde. Leur vie privée les a désignés à la considération du pays : leur dévouement au service public, à une époque où il a tant besoin de tous les secours, attachera pour toujours à leurs noms sa reconnaissance.

Fais ce que dois! Puissent nos efforts prévenir les dangers d'abus d'une loi grosse. Le caractère oppressif d'une loi peut être effacé par l'esprit de justice et de bienveillance du juge. Un de nos proverbes dit que *tant vaut l'homme, tant vaut la terre.* On peut plus sûrement l'appliquer aux lois. Il en est peu de mauvaises pour un juge sage; et point de bonnes pour un méchant homme à son tribunal. Choisissons bien notre représentant. Un Conseiller général, ennemi d'une loi ennemie, en répudiera les excès. Sa loyauté et son amour du bien public la transformeront. Nous pouvons acquérir en lui un vrai et précieux conseiller. Par ses lumières, son rapprochement et ses communications cordiales avec nous, cette loi vicieuse peut produire, sous sa direction, de sérieux avantages et respecter notre indépendance.

Chers concitoyens, nous cherchons à en neutraliser les projets. Elle les manifestera promptement, si nos efforts n'ont pas de succès. La majorité de l'Assemblée nationale a dissous les gardes nationales; elle a abrogé leur principe. Aucun citoyen, d'aucune condition ne lui présente assez de gages pour mériter de porter une arme. Elle possède l'arme législative; elle n'entend pas en voir une autre, qui ne soit à la discrétion de la sienne.

Il reste une seconde garantie à la nation, qui est elle-même; c'est-à-dire, les Conseils municipaux et les maires élus, représentant tous les citoyens. L'Assemblée va-t-elle abolir la nation? Notre élection libre, réfléchie, offusque l'élection par surprise du 8 février; elle a été sa condamnation. Cinquante-cinq départements ont prononcé le même arrêt sur elle et clos son viage, le 2 juillet. Elle se sent moralement dissoute. Elle veut se survivre.

Nous sommes encore la liberté. La loi des Conseils généraux se charge d'avoir raison de ce qui en reste. Leur autorité absorbe la nôtre dans les travaux les plus importants pour la prospérité publique, les finances, la propriété, surtout dans les campagnes (lisez les art. 24, 45, 86). Si nous jugeons des résolutions mal entendues, des plans trop coûteux tout sera d'autant plus passionnément maintenu que nous en aurons démontré les vices. La progression du système l'exige. Elle la veut rapide. Il faut renverser les obstacles; les municipalités en sont l'âme. On n'acceptera pas d'avoir tort devant des adversaires. L'opposition la plus droite et calme ne recevra que des démentis. Notre indépendance et notre dignité seront souvent mises à ces épreuves et nos démissions provoquées. On les obtiendra.

Donc après la dissolution des gardes nationales, celle de trente mille administrations municipales. La victoire de l'Assemblée sera complète. Elle peuplera toutes les fonctions de ses créatures. Elle sera l'administration et la loi, le 2 décembre des hommes d'ordre. Elle marchera sur le pays entier.

Se croira-t-elle maîtresse de la France? Les anciens ou nouveaux adversaires de notre généreuse révolution espèrent-ils ce triomphe sur elle? Cette grande existence défie leur faiblesse. Elle s'est allié le cœur de tous les peuples, et a rallié à ses principes la plupart des gouvernements. Elle semble maintenant défaillante. Cruellement blessée par les crimes des uns commis sous son nom, et par les complots des autres, elle est dépouillée des institutions qui devraient la couvrir. Qu'importe! elle n'a pas besoin de boucliers; elle est le droit, elle est le génie de l'avenir. Assiégée, trahie par de vils enfants de ceux qu'elle a rachetés, désarmée, un jour suprême elle apparaîtra comme la foudre au-dessus de ses ennemis, et leur dira : MOI ! c'est moi !

BIBLIOTHÈQUE NATIONALE R.F. IMPRIMÉS

6603 — Imp. nantaise Etiembre et Plédran, quai Cassard, 5

www.ingramcontent.com/pod-product-compliance
Ingram Content Group UK Ltd.
Pitfield, Milton Keynes, MK11 3LW, UK
UKHW031958260826
14628UKWH00005B/2131

9 782011 756640